COLONEL PRIVÉ

LES

Services de l'Arrière

A LA

COLONNE DE LANG-SON

AVEC 3 CROQUIS DANS LE TEXTE

(Extrait de la *Revue des Troupes coloniales*.)

PARIS

HENRI CHARLES-LAVAUZELLE

Éditeur militaire

10, Rue Danton, Boulevard Saint-Germain, 118

(MÊME MAISON A LIMOGES)

LES
SERVICES DE L'ARRIÈRE

A LA

COLONNE DE LANG-SON

COLONEL PRIVÉ

LES

Services de l'Arrière

A LA

COLONNE DE LANG-SON

(Extrait de la *Revue des Troupes coloniales*.)

PARIS

HENRI CHARLES-LAVAUZELLE

Éditeur

10, Rue Danton, Boulevard Saint-Germain, 118

(MÊME MAISON A LIMOGES)

INTRODUCTION

Notre intention n'est pas de relater ici les opérations de la colonne de Lang-Son, mais de rappeler les difficultés considérables qu'il a fallu vaincre pour faire subsister nos troupes, et de retracer, d'après des souvenirs personnels, l'organisation habile dont le commandement avait su doter les services de l'arrière.

Pour exposer les faits avec plus de clarté, nous suivrons leur ordre chronologique et nous serons ainsi tout naturellement amené à parler d'abord des mesures préparatoires prises *avant le départ* de la colonne, puis de l'organisation des services de l'arrière *pendant la marche même*, et, enfin, du fonctionnement de ces services le long des lignes de communication *après la prise de Lang-Son*.

LES
SERVICES DE L'ARRIÈRE

A LA

COLONNE DE LANG-SON

I

AVANT LE DÉPART DE LA COLONNE

L'enthousiasme belliqueux des Chinois, qui avait succédé à la réussite du guet-apens de Baclé, avait mis le commandant des troupes françaises au Tonkin dans l'obligation d'entreprendre une vigoureuse offensive dans la direction de Lang-Son, dont il était devenu indispensable de s'emparer. Une division, composée des brigades de Négrier et Giovanninelli, fut réunie à cet effet.

Jusqu'au dernier moment, les Chinois furent laissés dans l'incertitude sur la route que suivrait l'offensive française; aussi les divers éléments de la colonne ne se rassemblèrent-ils que peu à peu et lentement autour de Chu, à la fin de l'année 1884.

Chu, sur la rive droite du Lok-Nam, est situé dans une vaste plaine entourée de tous côtés de hautes montagnes et parsemée de villages assez importants dont les principaux sont Kep-Ha, Binh-Hoï, Lim-Son, Lang-

Hia, Chu et Lam ; vers le nord et le nord-ouest, la barrière montagneuse est à pic : c'est dans cette direction, à 25 lieues derrière, qu'est Lang-Son.

Trois cols d'un accès très difficile échancrent seuls cette falaise : ce sont les cols de Déo-Quan, Déo-Van et Nui-Bop.

Les Chinois, à la suite des combats du 10 octobre, avaient évacué la plaine et occupaient fortement les cols : de là, ils envoyaient de fréquentes reconnaissances vers nos postes avancés.

Toutefois, pendant toute cette période (octobre, novembre et décembre 1884), la question du ravitaillement avait été facile à résoudre.

Chu, en effet, était accessible, à cette époque, aux jonques annamites ordinaires, mais les canonnières, ne pouvant sans danger remonter jusque-là, s'arrêtaient à Lam, à quelques kilomètres en aval. On ouvrit, entre ce point de débarquement et Chu, une route de 4 mètres de large, excellente pour les mulets et les coolies-porteurs : de nombreux postes la protégeaient (Lam, Traï-Dam, bloc-khaus Cuvelier, fort de Chu). En outre, on construisit un chemin de fer Decauville ; malheureusement les raisons stratégiques imposèrent un tracé défavorable, les véhicules ne furent reçus que tardivement et. en somme, il ne fut que très peu utilisé.

Dans tous les cas, les vivres arrivèrent en temps voulu et en quantité suffisante ; des boulangeries de circonstance et des fours en tôle ne tardèrent pas à assurer les distributions de pain ; la viande fraîche était abondante. Ajoutons, enfin, que la température des mois d'octobre et de novembre est relativement très agréable ; l'air, moins imprégné d'humidité, est léger à respirer ; les nuits sont presque fraîches. Aussi l'état sanitaire fut-il, à Chu, satisfaisant pendant le dernier trimestre de l'année 1884.

Mais, dès le commencement de 1885, les conditions

d'existence des troupes vont changer et les services de l'arrière entrent dans une phase de création et d'activité qu'il sera très intéressant de suivre en détail.

Les 3 et 4 janvier, le général de Négrier remportait deux victoires brillantes sur les Chinois qui, battus à Nui-Bop, durent abandonner leur centre de résistance, leurs canons et leurs bagages. C'était une éclatante revanche de Bac-Lé.

A cette opération se rattachent les premiers essais en grand du service des transports : le soir même on évacuait sur Chu les blessés, et, dès l'aube, de ce point partait un convoi de ravitaillement destiné au détachement laissé à la garde du débouché conquis. Il y eut des difficultés inouïes pour arriver à destination : le terrain, absolument inconnu, était très coupé, et on pouvait craindre à tout instant une attaque des Chinois postés au col du Déo-Van. Un mouvement du général de Négrier suffit, toutefois, à maintenir l'ennemi sur les crêtes.

Après les combats des 3 et 4 janvier, de nouvelles troupes débarquent tous les jours à Chu : on prend le parti de les disséminer en utilisant pour leur cantonnement les nombreux villages situés dans la plaine. Dès lors, l'œuvre du ravitaillement devient plus ardue.

L'infanterie de marine cantonnée à Lang-Gia, sur le Lok-Nam même, recevait la plus grande partie de ses vivres par eux, car on put utiliser la rivière en la faisant remonter par de petits sampans et par des embarcations légères tressées en bambou. Mais les troupes installées soit à Kep-Ha (6 kilomètres de Chu), soit à Binh-Hoï (5 kilomètres de Chu) durent, au début, envoyer des corvées chercher à Chu les denrées de toute nature. On se servit par la suite des coolies affectés aux compagnies, et des voitures légères destinées au roulage par bœufs, et que traînaient des indigènes et bien souvent des soldats européens. Enfin, dès le 20 janvier, le service des transports fût assez bien outillé pour apporter dans les cantonnements mêmes les ravitaillements des troupes qui s'y trouvaient.

Abordons maintenant l'exposé à grands traits de l'organisation des différents services de l'arrière qui se concentrent à Chu, base d'opérations de la colonne expéditionnaire.

1° *Services administratifs*. — Un sous-intendant militaire avait la direction des services de l'intendance de la colonne en formation; il était secondé par un sous-intendant de 3° classe et avait à sa disposition des officiers d'administration et un personnel assez nombreux de commis et d'ouvriers et d'auxiliaires européens ou indigènes. Un lieutenant d'infanterie était chargé spécialement de diriger les mouvements fluviaux.

Les denrées arrivaient, avons-nous dit, en jonques à Chu, venant soit directement du delta, soit après transbordement, de Lam : quelques marchandises utilisaient, à partir du dernier point, la voie de terre. On avait aménagé les berges de la rivière pour faciliter le déchargement des embarcations.

Les magasins de vivres furent construits sur le bord même du Lok-Nam, au-dessus des rampes de débarquement.

C'étaient de vastes hangars recouverts de chaume avec des parois en torchis; on y faisait aussi les distributions de vin, de tafia et de vivres de campagne. Les fourrages, ainsi que le stock de denrées destinées à être emportées par la colonne, furent mis à l'abri sous de vastes tentes rectangulaires du service du campement.

Le pain était distribué à proximité des fours; ceux-ci étaient établis sur la pente sud de la colline, au faîte de laquelle se dressait le fort de Chu; tout auprès de la boulangerie, de grandes tentes du campement recevaient les rations de pain biscuité préparées en vue du départ.

Les parcs de bétail sur pied se trouvaient entre la boulangerie et le fleuve.

On ne pouvait songer à transporter les vivres dans les récipients réglementaires d'Europe ; aussi avait-on accumulé à Chu un grand nombre de caisses en bois et de tonnelets dont le poids, une fois remplis, n'excédait pas la charge de deux coolies, c'est-à-dire 30 à 40 kilogrammes. Tout cela avait été fabriqué à Hanoï, soit par la compagnie d'ouvriers d'artillerie, soit par l'industrie privée.

Le commandement avait régularisé pour la durée de la colonne prochaine le taux des rations des Européens et des Asiatiques. Pour les premiers, la ration avait la composition usitée en Indo-Chine : pain biscuité ou pain ordinaire ou biscuit, viande fraîche ou de conserve, légumes secs ou riz, sel, sucre et café, thé. Le tafia était substitué au vin. Nous verrons plus tard que de profondes modifications furent apportées à cet ordre de choses.

L'ordre général n° 9 allouait aux tirailleurs tonkinois et aux coolies, depuis le départ de la garnison ou du lieu de rassemblement jusqu'au jour du retour, une ration quotidienne de 800 grammes de riz et de 100 grammes de sel.

L'ordre général n° 2 réglait les rations de fourrages de la façon suivante :

Chevaux français, arabes, tartares et mulets : 5 kilogrammes orge ou avoine, plus 2 kilogrammes paddy (riz non décortiqué).
Chevaux annamites : 5 kilogrammes de paddy.

2° *Service de l'artillerie.* — Le parc d'artillerie était installé sur un petit mamelon situé à 200 mètres environ du fort de Chu. Des baraques en torchis recouvertes de brousse, de vastes hangars et quelques grandes tentes (dont quelques-unes provenaient du camp retranché de Nui-Bop) abritaient les munitions, le matériel et les ateliers de réparation. En dehors des coffres portés par les mulets des batteries, on avait confectionné à Hanoï un nombre suffisant de petites caisses blanches pour le transport des munitions à dos d'homme ou de mulet.

3° *Service du génie*. — Le parc du génie était installé dans une petite pagode au sud-est du fort.

Là était installé le magasin d'outils et un atelier de réparation. Quelques officiers de troupe avaient été mis à la disposition du service du génie.

Le parc des aérostiers était sur le bord même du Lok-Nam, auprès des magasins de vivres : le ballon ne fut pas utilisé à Chu, mais les sapeurs furent affectés aux travaux de l'arrière, surtout à la construction des lignes de communication.

Les artilleurs-pontonniers devaient marcher à l'avant-garde.

4° *Service médical*. — Il fallait transformer Chu en hôpital d'évacuation. En prévision de cette nécessité, l'ambulance existante fut agrandie considérablement : trois vastes baraques fermées par des parois en torchis et recouvertes d'une épaisse couche de chaume étaient desti-nées à recevoir des blessés et des malades. On installa à l'intérieur des lits de camp en bambou sur lesquels on étendait, au fur et à mesure des besoins, des paillasses ou des matelas.

Un stock considérable de couvertures avait, en outre, été réuni dans les magasins de cet hôpital. Enfin, des dons très importants des Dames de France le dotaient de gilets de flanelle, de chaussons et de sabots, de vins généreux, de tabac, de cigares, etc...

Une baraque divisée en plusieurs compartiments avait été réservée aux sous-officiers.

On installait dans les mêmes conditions la pharmacie, le magasin, la cuisine et les logements des médecins, pharmaciens, officiers d'administration et infirmiers.

Ces constructions bien closes et sans verandah, assez

favorables pendant l'hiver, allaient devenir intolérables dès les premiers rayons du soleil d'avril.

5° *Service de la trésorerie et des postes.* — Ce service était organisé largement en vue de la colonne et devait recevoir, au moment du départ, des moyens de transport très suffisants.

Le bureau du trésor de Chu même se trouvait dans le fort ; le bureau du télégraphe et des postes réunis était en dehors, à côté de l'hôpital.

6° *Service télégraphique.* — Chu était reliée électriquement et optiquement avec le delta. Au delà de Chu, on avait, pendant la période préparatoire dont nous nous occupons, installé un poste optique au col du **Nui-Bop** et un autre au blockhaus de La-Luong, en face du **Déo-Van.**

Une section de télégraphie optique de première ligne, suivit la colonne et se fit remarquer par son activité et son dévouement.

On accumulait, en outre, à Chu, le matériel nécessaire pour tendre le réseau électrique au fur et à mesure de la marche en avant de la colonne : cette précaution était indispensable, car, pendant la saison d'hiver au Tonkin, de très épais brouillards apportent un empêchement absolu aux communications optiques.

7° *Service des transports : Direction.* — L'exécution du service des transports était confiée à M. le commandant Palle, chef d'escadron d'artillerie de terre.

L'ordre général n° 14 définissait ainsi les fonctions de cet officier supérieur :

Les approvisionnements de toute nature pour la colonne qui sera dirigée sur Lang-Son, et, s'il y a lieu, vers les places plus éloignées vers la frontière du Tonkin, seront réunis par les soins du chef des services administratifs sur la base d'opérations désignée.

M. le sous-intendant de la Grandière aura la responsabilité du service des approvisionnements à la base d'opérations. Il sera spécialement chargé de la formation des convois en quantité et espèce de vivres, de la tenue des magasins intermédiaires aux diverses stations d'étapes, des distributions aux parties prenantes, tant dans la colonne expéditionnaire que le long de la ligne de ravitaillement.

Il provoquera auprès du général commandant le corps expéditionnaire toutes les mesures propres à assurer la régularité et l'économie dans le service des vivres.

M. le chef d'escadron d'artillerie Palle sera chargé spécialement de tout ce qui concerne la marche des convois et leur organisation comme moyens de transport, la création des stations d'étapes, l'entretien des routes et des ponts en arrière de la colonne, la réparation du matériel de transport, la conduite, la discipline et l'administration du personnel affecté à ces transports.

Il sera en outre chargé, toujours en arrière de la colonne expéditionnaire et sur la ligne de ravitaillement, de toutes les mesures et précautions à prendre pour assurer la sécurité des routes, la garde des stations d'étapes et, s'il y avait lieu, leur défense.

Il aura sous ses ordres directs les officiers attachés au service des convois.

Une fois la colonne partie, il adressera toutes les fois que besoin en sera au commandant d'armes de Chu les demandes concernant les escortes et généralement toutes les mesures nécessaires au bon fonctionnement des services dont il sera chargé.

Le service confié à M. le commandant Palle relèvera donc à la fois du colonel commandant l'artillerie pour tous les travaux de réparation et d'entretien du matériel et des ponts, la mise en état de défense des stations d'étapes, etc., etc., et de M. le sous-intendant militaire pour ce qui concerne les convois, les installations des magasins provisoires, l'approvisionnement de ces magasins, etc., etc.

Le colonel commandant l'artillerie et le sous-intendant militaire comprennent trop bien que la liberté des mouvements de la colonne expéditionnaire dépendra du succès du ravitaillement pour qu'ils puissent voir le moindre inconvénient dans ce mélange d'attributions imposé par les circonstances exceptionnelles dans lesquelles nous opérons.

L'œuvre de ravitaillement, si elle réussit et elle doit réussir, fera le plus grand honneur à ceux qui la réaliseront. Le général en chef compte sur l'expérience et le dévouement de M. de la Grandière ; il compte sur l'activité, les connaissances techniques et l'énergie de M. le commandant Palle. En acceptant les difficiles fonctions qui lui sont confiées, cet officier supérieur en a mesuré toute l'importance et a compris l'intérêt que le commandement lui attache.

Personnel du service des transports. — Le personnel du service des transports fut ainsi composé, comme Européens :

Etat-major.

M. le commandant Palle, chef du service.
Un lieutenant d'infanterie de marine, adjoint.

Officiers.

1° Commandements des gîtes d'étapes, dépôts de coolies, etc. : officiers d'infanterie de marine, capitaines, lieutenants, sous-lieutenants;
2° Conduite des convois : officiers d'infanterie de marine, capitaine, lieutenant ou sous-lieutenant; officiers du train des équipages militaires, lieutenant ou sous-lieutenant;
3° Travaux des routes : officiers du génie et d'artillerie de marine, gardes d'artillerie de marine;
4° Vétérinaires du train des équipages.

Troupe.

1° Train des équipages et auxiliaires;
2° Commis et ouvriers d'administration et auxiliaires;
3° Ouvriers d'artillerie de terre, génie, aérostiers.

Moyens de transport employés. — Certes, la tâche était ardue et le problème difficile à résoudre : ce n'était plus une question d'organisation, c'était une œuvre de création.

En dehors de l'expérience acquise lors des expéditions lointaines, où s'illustra l'armée française, on s'était déjà servi maintes fois de coolies au Tonkin, à Son-Tay, à Bac-Ninh, à Hong-Hoa et dans beaucoup de colonnes secondaires; aussi ce mode de transport fut-il le plus en honneur, quoique l'on ait également utilisé les animaux porteurs : mulets français, arabes ou chinois, chevaux de bât annamites, tartares, birmans ou malais, charrettes à bœufs, voitures Lefèvre en fer, etc... On tenta même l'utilisation de bœufs de bât et de buffles attelés soit à des voitures indigènes, soit à des traîneaux.

Examinons ces différents moyens de transport, dont nous donnerons le rendement plus tard.

Coolies.

Recrutement. — Un grand nombre de coolies avaient été depuis longtemps déjà enrôlés un peu partout dans les corps de troupe, dans les établissements militaires, dans les magasins, sur les jonques de l'administration, etc..., etc...; mais, pour parer aux nécessités des transports à la suite de la colonne qu'on projetait sur Lang-Son, il fallait un effectif considérable d'hommes porteurs; on en trouva 6.500. Les gouverneurs annamites des provinces furent chargés de l'opération sous la surveillance des résidents. Les coolies étaient rassemblés en des lieux fixés d'avance, remis à des cadres de conduite commandés par un officier français, et devaient être munis du nécessaire pour suivre la colonne.

Ils étaient conduits soit à Hanoï, au commandant du train des équipages militaires, soit à Chu, au commandant Palle. Tous ces mouvements se firent en canonnière et ne donnèrent lieu à aucun incident ou mécompte bien sérieux.

Répartition de cet appel. — Il a été dit plus haut que les services à la base d'opérations, même à Chu, étaient assurés par des coolies engagés depuis longtemps :

1° Le premier appel devait fournir des porteurs de complément aux corps de troupe et services de la colonne, conformément aux dispositions du tableau suivant :

UNITÉS.	BAGAGES d'officiers.	CANTINES à vivres.	CANTINES d'ambulance.	SACS d'ambulance.	BRANCARDS.	HAUT LE PIED.	TOTAL.	CAÏ.	DOÏ
Compagnie :									
d'infanterie..............	6	4			8	2	20	1	
de tirailleurs algériens....	8	4			8	2	22	1	
de tirailleurs tonkinois...	6	4			4	2	16	1	
Bataillon :									
état-major...............	6	4	2	1		2	15	1	
infanterie...............	24	16			32	8	80	4	2
tirailleurs algériens.......	32	16			32	8	88	4	2
tirailleurs tonkinois.......	24	16			16	8	64	3	2
Régiment état-major.....	6	4				2	10		
Ambulance de brigade....	8	4			150	10	172	8	4

Les services du génie et de la télégraphie devaient être fournis plus tard suivant les besoins.

On voit par ce tableau que la composition des trains régimentaires et de combat des colonnes d'Europe avait subi de profondes modifications.

Le train de combat ne comptait plus que du matériel d'ambulance : derrière chaque compagnie marchaient les brancards affectés à cette unité, et derrière le bataillon la cantine et le sac d'ambulance. Le train régimentaire n'avait ni effets de remplacement ni vivres pour les hommes ; il comportait seulement les bagages, et des vivres pour les officiers correspondant aux quatre jours de vivres de réserve du sac de la troupe.

Chaque brigade de la division expéditionnaire étant autonome et pourvue de toutes armes, était dotée, en outre, d'une ambulance active.

2° Pour effectuer le ravitaillement des munitions du sac (comme l'échelon intermédiaire, caissons de bataillon, n'existait pas), on faisait marcher, avec et derrière le train de combat, le parc d'artillerie, qui comportait l'échelon des sections de munitions (mulets et coolies) et l'échelon des sections de parc (coolies et chevaux de bât). L'artillerie, en outre des coolies porteurs, avait un grand nombre d'auxiliaires annamites pour suppléer les Européens dans la conduite des mulets d'artillerie.

Ces indigènes, traités comme les tirailleurs tonkinois et habillés de la même façon (sauf une bande rouge à leur pantalon de flanelle sombre), rendirent de réels services.

3° Puisqu'il n'y avait pas de vivres de train régimentaire proprement dit, il était indispensable de donner une organisation finie et appropriée aux premières sections de convoi administratif. On se décida à former des sections des coolies, chacune d'elles devant être assez nombreuse pour transporter une journée de vivres réduits pour toute la colonne.

On se servait de récipients, caisses, sacs ou tonnelets, dont les dimensions, comme nous l'avons dit plus haut, étaient calculées de façon à ne pas dépasser 40 kilos, charge favorable pour être enlevée sans fatigues exagérées par deux porteurs.

La journée de vivres réduits nécessitait 258 de ces récipients divers, et le complément de cette journée de vivres réduits en exigeait 326, soit en tout 584 récipients.

Voici la composition, très largement calculée, des denrées qui étaient nécessaires pour distribuer une journée de vivres à la colonne :

Composition de la journée de vivres réduits formant la charge d'une section à pied de coolies.

Européens.

	Kilog.
169 caisses à biscuits à 39 kgr. en moyenne..................	6.591
60 tonnelets de tafia à 31 kgr......................................	1.860
7 sacs sel à 40 kgr. moyenne......................................	280
3 caisses thé à 32 kgr..	96
5 sacs café à 35 kgr..	175
7 sacs sucre à 35 kgr..	245

Asiatiques.

7 sacs sel à 40 kgr. en moyenne...............................	280
Total...................................	9.527

soit 9 tonnes 1/2.

Denrées complémentaires à charger ultérieurement et sur ordre.

Européens.

67 caisses de viande à 40 kgr. en moyenne................	2.680
16 sacs de riz à 38 kgr. en moyenne.........................	608

Asiatiques.

160 sacs de riz à 38 kgr. en moyenne........................	6.080

Chevaux.

83 sacs paddy et orge à 41 kgr. en moyenne..............	3.403
Total...................................	12 771

soit 12 tonnes 1/2.

La journée de vivres complète comportait donc 22 tonnes. C'est à peine la charge de trois wagons. Dans les montagnes qu'on allait parcourir, cette même quantité de denrées nécessitait 1.200 coolies en chiffres ronds ! Ces chiffres se passent de commentaires.

Le complément de vivres donné dans le tableau ci-dessus se composait de riz et de viande de conserve principalement ; ce complément ne devait être mis en route vers la colonne que sur l'ordre du commandement.

En effet, on comptait exploiter toutes les ressources qu'on rencontrerait pendant la marche, soit dans le pays, soit dans les camps chinois même. De plus, on emmenerait un fort troupeau, de façon à assurer des distributions de viande fraîche aussi régulièrement que possible.

Pour ces raisons, on résolut de ne faire suivre la colonne que par une partie des vivres nécessaires à une journée : c'est ce qu'on appela une journée de vivres réduits.

Nous avons vu plus haut que cette quantité de denrées était contenue dans 258 récipients : chacun de ces récipients exigeait deux coolies-porteurs, soit 516 coolies pour la totalité. Il fallait ajouter quelques porteurs haut-le-pied, des convoyeurs, des gradés européens ou indigènes et une escorte.

En conséquence, chaque section à pied transportant une journée de vivres réduits avait la composition suivante :

  1 officier européen, commandant.
  4 doï (indigènes-notables ayant le rang de sergent).
 20 caï (indigènes-notables ayant le rang de caporal).
516 coolies-porteurs.
 10 coolies haut-le-pied.

———

550 Asiatiques au total.

Une escorte spéciale fut attachée à chaque section à pied : elle comprenait une demi-section de tirailleurs tonkinois commandée par un sergent français.

Il fut formé de suite les sections à pied n° 1 et n° 2 : elles suivirent la colonne dès son départ.

Deux autres, les n° 3 et n° 4 furent constituées de la même façon.

Les coolies de toutes ces sections reçurent pour deux une couverture de laine rouge, qu'ils portèrent en sautoir et un sachet à vivres, sorte de manche d'étoffe délivrée par l'administration militaire, contenant sept journées de vivres (5.600 gr. de riz et 700 gr. de sel ; au total, 6.300 gr.).

4° Le premier appel allait fournir, en outre, les conducteurs des voitures à bœuf, ceux des voitures Lefèvre, et des chevaux de bât, le personnel nécessaire au transport du matériel du télégraphe électrique, du trésor, des blessés et malades, les travailleurs pour la confection des routes carrossables et des ponts, pour l'aménagement des gîtes d'étapes, etc..., etc...

Aussi, quelques jours après le départ de la colonne, fera-t-on de nouveaux appels de coolies.

Voitures à bœufs.

La race des bœufs zébus de l'Indo-Chine est de petite taille et relativement robuste ; cependant, sa force de traction ne peut s'exercer par le front, mais par l'intermédiaire d'un joug-collier.

Tout était à improviser : on fit fabriquer les jougs-colliers en bois que l'on fixait par des chevilles aux deux timons de la voiture ; les attelages ne se doublaient donc qu'en flèche à l'aide de traits en corde.

Au début, par suite de l'inexpérience des conducteurs et du manque de dressage des bœufs, un grand nombre de ceux-ci furent blessés d'une façon irrémédiable.

Plus tard, au contraire, ce mode de transport donna de bons résultats.

Il était d'autant plus important de perfectionner le roulage par voitures à bœufs que l'on pouvait, par ce moyen, économiser le nombre des coolies nécessaires dans des proportions considérables ; c'est ce qui ressort du tableau suivant :

Chargement d'une journée de vivres réduits en voitures à bœufs.

6 voitures contenant 6 tonnelets de tafia, 2 sacs de vivres de cam-

pagne, thé en surcharge, portant chacune 430 kilogrammes, ensemble 2.580 kilogrammes, exigeant 12 bœufs, 12 conducteurs.

17 voitures contenant 10 caisses de biscuit (une en a 9), portant chacune 370 kilogrammes, ensemble 6.290 kilogrammes, exigeant 34 bœufs, 34 conducteurs.

1 voiture contenant 14 sacs de sel, portant 434 kilogrammes, exigeant 2 bœufs, 2 conducteurs.

1 voiture vide (haut le pied) avec 2 bœufs, 2 conducteurs.

Total : 25 voitures portant 9.304 kilogrammes et exigeant 55 bœufs (dont 5 haut le pied) et 55 coolies.

Chargement en voitures à bœufs du complément d'une journée de vivres.

5 voitures à 408 kilogrammes chaque, contenant 12 caisses de viande, soit 10 bœufs, 10 coolies.

3 voitures à 475 kilogrammes, contenant 2 caisses viande, 10 sacs vivre de campagne, soit : 6 bœufs, 6 coolies.

1 voiture à 485 kilogrammes, contenant 1 caisse viande, 11 sacs à 41 kilogrammes (riz), soit : 2 bœufs, 2 coolies.

20 voitures à 492 kilogrammes, contenant 12 sacs riz à 41 kilogrammes, soit : 40 bœufs, 40 coolies.

Total : 29 voitures exigeant 58 bœufs et 58 coolies.

Au début des opérations, on ne pouvait utiliser les voitures à bœufs que dans la plaine de Chu, où des chemins carrossables avaient été, sinon faits, du moins commencés ; pour apporter au pied même des montagnes un nombre considérable de journées de vivres, que les coolies devaient prendre et porter à la colonne en marche, assurant ainsi le ravitaillement constant, on créa immédiatement cinq sections de voitures à bœufs, chacune d'elles transportant un jour de vivres réduits, et ayant la composition suivante :

    1 capitaine, lieutenant ou sous-lieutenant européen, commandant.

    6 convoyeurs européens (train des équipages ou auxiliaires).

    1 doï annamite.

    4 caï annamites.

    55 coolies-conducteurs.

    55 bœufs.

25 voitures.

1 demi-section de tirailleurs tonkinois, sous le commandement d'un sergent indigène.

Le complément des journées de vivres réduits fut transporté, comme les journées de vivres réduits, au pied du Déo-Van, soit à l'aide de convois auxiliaires formés avec le surplus des ressources en bœufs et coolies, soit avec des sections régulières de voitures à bœufs augmentées momentanément de quatre ou cinq voitures.

Mulets.

Ce ne fut que plus tard que les mulets servirent accidentellement au transport des vivres; ceux que l'on avait au moment de la colonne de Lang-Son portèrent presque exclusivement des munitions.

Chevaux de bât.

Les chevaux de race annamité sont petits, mais bien faits; leur rein est court. Ils peuvent être affectés au transport par bât. Les chevaux de race manille ou ceux provenant de Singapour ont au contraire le rein extrêmement long; aussi furent-ils de préférence conservés à Chu pour être attelés.

La plus grande partie des chevaux de bât fut versée à l'artillerie pour le transport des munitions du deuxième échelon. Avec le restant, on constitua, quelques jours après le départ de la colonne, une section de chevaux. Sa composition était basée sur les données suivantes :

129 chevaux-porteurs à raison de deux récipients par cheval et nécessitant 129 coolies;

5 chevaux haut le pied et 5 coolies.

Le commandement de la section de petits chevaux

fut donné à un officier du train des équipages militaires. Au début, comme on n'avait pas assez de chevaux, on la compléta avec des coolies-porteurs et elle fonctionna sous le nom de section mixte.

Normalement une section de petits chevaux de bât devait compter :

1 officier européen, commandant;

10 convoyeurs européens (hommes du train ou auxiliaires);

1 doï annamite;

6 caï annamites;

134 coolies conducteurs;

134 chevaux de bât.

C'est à Hanoï que furent fabriqués les bâts nécessaires; malgré le soin apporté à leur confection, le terrain que parcourut la colonne fut si difficile et mouvementé que la plus grande partie des chevaux de bât, blessés par leur chargement, étaient, en arrivant à Lang-Son, mis hors de service d'une façon irrémédiable.

Chevaux de trait.

On se servit de voitures entièrement métalliques du modèle Lefebvre.

On n'organisa pas de sections de voitures Lefebvre, mais on les utilisa dans les convois de toute nature, ravitaillant les gîtes d'étapes. Très peu de ces véhicules furent employés dans la montagne.

Convois importants faits avant le départ de la colonne.

Il est intéressant de parler des convois importants faits avant le départ de la colonne; car ils fixèrent les idées sur le rendement que les différents modes de transport pourraient donner.

Le 28 janvier fut organisé un énorme convoi de 87 voitures à bœufs, chargées des matériaux de construction d'un blockhaus en bois qu'on allait dresser vis-à-vis du débouché du Déo-Van, au-dessus du village de La-Luong. Il y avait, en outre, une grósse quantité d'approvisionnements de toutes sortes. Une forte reconnaissance couvrait les mouvements.

Depuis le 6 janvier (au retour du combat de Nui-Bop), on avait fait travailler les bataillons d'infanterie à ouvrir la voie carrossable aux voitures à bœufs, vers Kep-Ha, et, de là, vers les deux cols du Nui-Bop (occupé par un détachement de la légion) et le col du Déo-Van (aux mains des avant-postes chinois).

Bien que très imparfaite encore, cette route ne comptait guère qu'un obstacle très sérieux avant d'arriver au village de Kep-Ha : c'était le ravin de Koa-Ka.

Lors de notre arrivée, il y avait là un pont chinois qui présentait des garanties insuffisantes. On ouvrit une rampe d'accès pour passer le ruisseau à gué, mais la pente en était trop raide; on fut alors obligé d'organiser un pont de circonstance pour les voitures à bœufs, pendant que le détachement des pontonniers de la colonne construisait, un peu en aval, un pont régulier sur chevalets avec tablier en madriers. Le convoi du 28 janvier ne put utiliser que le pont de circonstance, dont l'accès était fort difficile. Les animaux, insuffisamment dressés, s'affolaient; les conducteurs, perdant la tête, arrachaient le nez des bœufs avec leurs longes ou manquaient de se faire écraser par les voitures; quelques-unes de celles-ci, lancées sur une pente trop raide, entraînaient tout, attelages et conducteurs, versaient dans la rivière et recevaient des avaries qui firent perdre un temps considérable.

Malgré des efforts surhumains, 45 voitures seulement avaient franchi le ravin du Kao-Ka, le soir du 28.

Au-delà du village de Kep-Ha, le sentier frayé présentait à chaque instant des passages difficiles : fondrières, lits de torrents, etc.

Les fatigues furent inouïes. La dernière voiture arrivait à destination le 29, à 1 heure de l'après-midi. Le soir du même jour, le convoi entièrement déchargé couchait à Kep-Ha, et, par une marche relativement rapide, rentrait à Chu, le 30, vers midi.

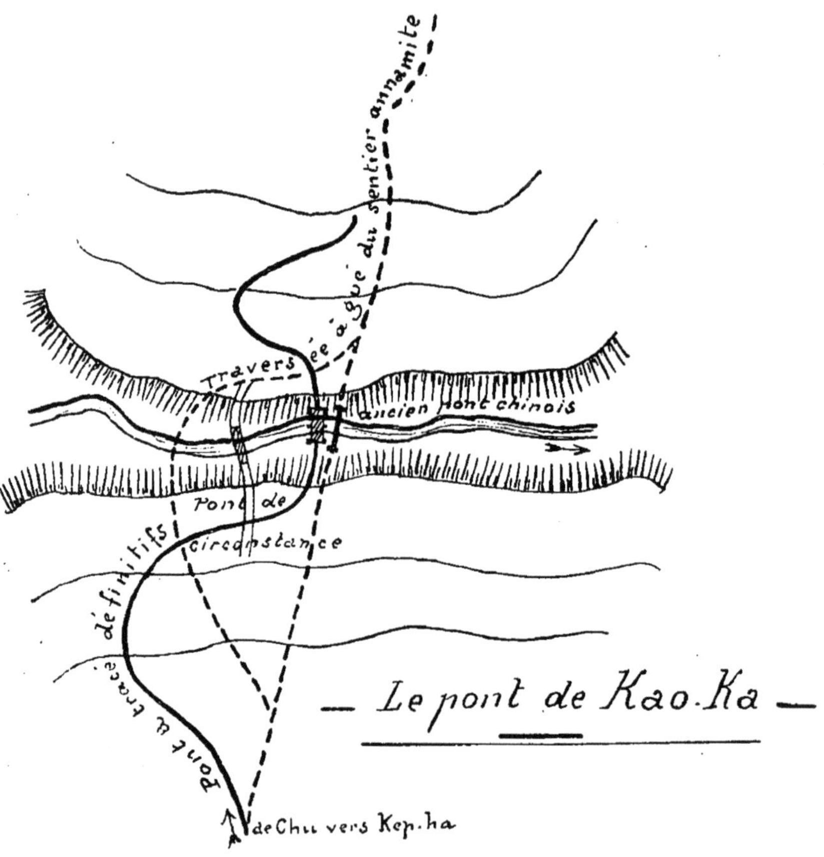

_ Le pont de Kao-Ka _

Dès le lendemain matin, 31 janvier, toutes les voitures à bœufs étaient de nouveau mises en mouvement. Il s'agissait de transporter au fort du Nui-Bop cinq journées de vivres réduits. Le convoi comprenait 125 voitures attelées de 250 bœufs, et se subdivisait en cinq sections de 25 voitures, ayant la composition donnée ci-dessus.

La marche s'exécuta dans des conditions incontestablement meilleures : le pont de Kao-Ka, construit par les pontonniers, put être utilisé; la portion de route de Kep-Ha à Nui-Bop était aménagée; enfin, la pluie ne tomba qu'après l'arrivée à destination. Malgré cela, le parcours n'étant que de 12 kilomètres (le 28, l'étape ne dépassait pas 10 kilomètres), on atteignait le fort de Nui-Bop à 4 heures de l'après-midi.

Le 1er février, le retour à Chu s'effectuait rapidemet : l'élan était donné, bœufs et coolies commençaient à s'habituer à leur besogne.

Le 2 février, de petits convois portaient dans les cantonnements les vivres de réserves que les hommes de la colonne expéditionnaire allaient emporter dans le sac.

En outre, on accumulait au blockhaus, fortement protégé en avant, une grande quantité de vivres pour le deuxième échelon de ravitaillement.

Tout est prêt pour l'offensive du lendemain.

La deuxième brigade (général de Négrier) occupe fortement les environs du col du Déo-Van et le débouché même : elle protégera le mouvement pendant la journée du 3 février.

La première brigade (colonel Giovanninelli) est autour de Chu même, et se mettra en route pour le Déo-Van, par Kao-Ka, Kep-Ha et le blockhaus de La-Luong, le lendemain matin. Elle sera suivie des services, des parcs et des convois.

Les convois qui suivent la colonne sont les sections à pied n° 1 et n° 2. Ces sections sont rassemblées, parfaitement équipées et en ordre.

Aussitôt que la colonne aura débarrassé le terrain en

s'engageant dans les montagnes, le deuxième échelon des convois fonctionnera; il comprend : les sections à pied n° 3 et n° 4, les sections de voitures n° 1, n° 2, n° 3, n° 4 et n° 5, la section mixte de chevaux de bât, les convois irréguliers (voitures à bœufs, voitures Lefebvre-Decauville de Lam à Chu, supplément de coolies, etc.).

En résumé, la colonne combattante comportait environ :

    1.200 coolies pour le transport des bagages dans les corps, services et états-majors;

    800 coolies du service médical (brancardiers de compagnie; cantines médicales de bataillon, matériel d'ambulance de brigade;

    400 coolies pour le matériel des services (télégraphie optique, trésor et postes, prévôté, etc.).

    1.100 coolies enrégimentés des deux sections à pied du convoi.

Au total : 3.500 coolies-porteurs plus environ 1.000 autres employés à l'artillerie et aux sections de munitions.

Soit : 4.500 coolies. Enfin, la colonne comprenait 2 bataillons de marche de tirailleurs tonkinois à 800 hommes environ. C'est donc un total de 6.000 tonkinois qui vont avoir l'honneur d'entrer, quelques jours après, dans Lang-Son.

II

LE RAVITAILLEMENT AU COURS DE LA COLONNE

La colonne, qui était partie le 3 février de la plaine de Chu, occupait le camp retranché de Dong-Song, le 6.

Elle se repose les 7, 8 et 9 février. On tient le col du Déo-Quao, qui mène à Than-Moï sur le Song-Thuong; c'est la vallée que suit la route mandarine Hanoï - Kep - Bac-Lé - Than-Moï - col de Cut - Lang-Son. Une reconnaissance est poussée, en outre, dans la direction Pho-Bu - Pho-Vi - Bac-Viai - Lang-Son qui sera choisie par le commandant en chef.

Voici comment le service des convois fonctionna pendant cette période.

Les deux sections à pied n° 1 et n° 2 du convoi amènent à Dong-Song leur chargement, soit deux jours de vivres, le 6, à la fin de l'après-midi.

Le lendemain matin, les sections n° 1 et n° 2 rétrogradent sur le col Déo-Van, pendant que les sections n° 3 et n° 4, qui ont couché un peu au-delà de Ha-Hoa, apportent deux autres journées de vivres, puis rétrogradent également sur le Déo-Van.

Avec ces ressources, on distribua aux hommes quatre jours de vivres dont deux jours de viande fraîche pour les 7, 8, 9 et 10 février.

Enfin on organise, toujours dans cette matinée du 7, un gros convoi improvisé avec les coolies des corps disponibles et les petits chevaux de l'artillerie, pour aller chercher des munitions d'infanterie et d'artillerie et des vivres autant qu'il sera possible d'en charger.

A la base d'opérations, à Chu, la plus grande activité avait régné du 3 au 6 février. On avait utilisé tout ce qui était disponible, bœufs, petits chevaux, coolies, pour accumuler au blockhaus de La-Luong ou Giap-Thuong, au pied du Déo-Van, le plus de vivres possible ; on était allé chercher à Nui-Bop une grande partie des cinq journées qui y avait été amenées le 31 janvier. De plus, on pressait l'envoi de récipients et de tonnelets dont on était menacé de manquer.

Des renforcements considérables en coolies, en bœufs et en petits chevaux allaient arriver incessamment ; on fixait définitivement les travaux d'amélioration de la route carrossable Chu - Déo-Van quand, le 7, le commandement en chef, éclairé par une reconnaissance très hardie faite par le capitaine chef de service des renseignements à l'état-major général, décida que la ligne de ravitaillement passerait dorénavant par le col Déo-Quan, et donna l'ordre de rendre au plus vite cette route praticable aux convois, puis carrossable ultérieurement.

Le 10 février au matin, tous les convois qui avaient rétrogradé, ainsi que nous l'avons dit plus haut, étaient rentrés à Dong-Song. et y avaient amené au total sept jours de vivres : il en restait trois encore au Déo-Van. On fit aux hommes une distribution de quatre jours de vivres pour les 11, 12, 13 et 14 février. Deux autres journées suivaient la colonne avec un troupeau de plus de 150 bœufs, comme viande sur pied.

Les Asiatiques étaient également alignés à sept jours de riz et sel. Il est intéressant à ce sujet de citer l'ordre du commandement au sujet de ces vivres de sac des indigènes.

   « *Sacs de nourriture des coolies.*

   » Ces sacs (dont nous avons déjà parlé d'ailleurs inci-

demment) renferment 11 kil. 200 de riz et 1 kil. 400 **de**
sel et doivent assurer la nourriture de deux coolies
pendant sept jours.

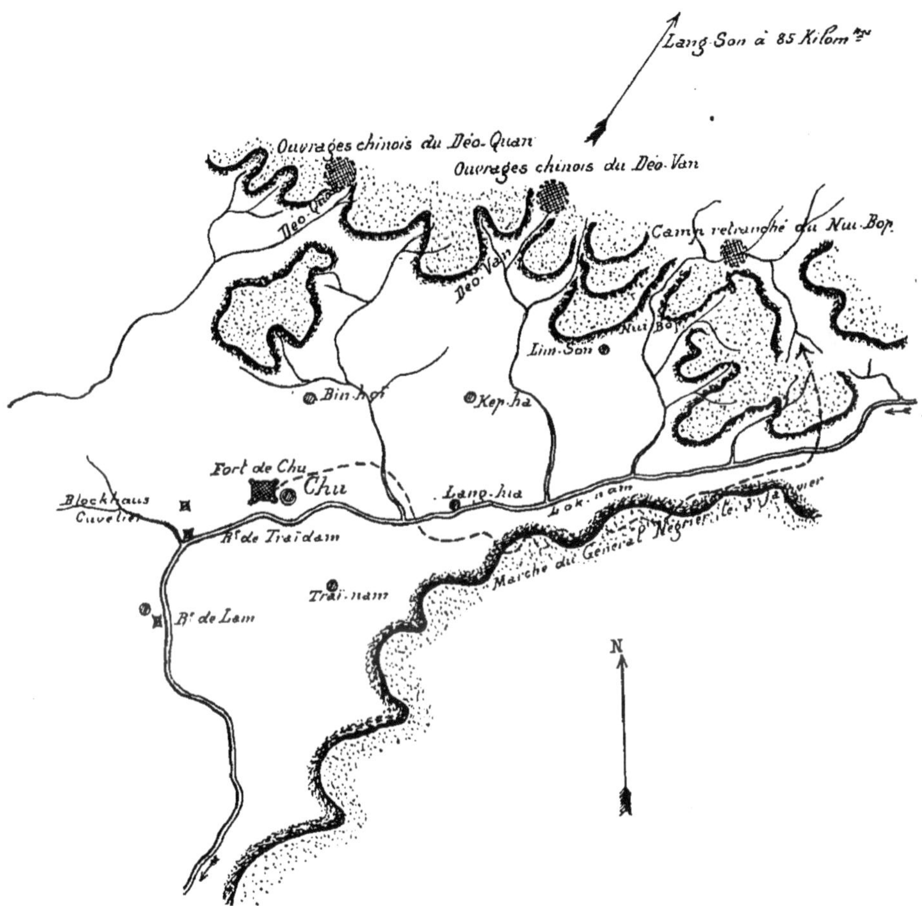

» En marche ou en station, les corps ou services veil-
leront à ce que les coolies ne touchent pas à ce riz
s'il est possible de leur en procurer sur place. L'un des
interprètes du général en chef expliquera aux coolies de
la colonne que le sac est destiné à deux hommes pour
sept jours, mais que, lorsqu'on occupera un cantonne-

ment où l'on trouvera du riz ou du paddy facile à transformer en riz, il ne sera pas touché ce jour-là aux sacs de 11 kil. 200. »

Grâce aux ressources trouvées dans les camps chinois, le ravitaillement des Asiatiques de la colonne s'était opéré très aisément.

Ainsi ravitaillée, la division expéditionnaire reprend sa marche en avant le 10 février. Dans la matinée du 13, elle entrait à Lang-Son.

La queue de la colonne, considérablement allongée dans ce défilé de 45 kilomètres de longueur depuis Dong-Song, n'atteignait Lang-Son que le 14 assez tard, mais cela permettait de faire la distribution pour la journée du 15 février et d'avoir encore des vivres pour le 16. Mais, dès le 15 au matin, arrivait un gros convoi venant, sans rompre charge, de Chu avec *trois journées de vivres*. On put ainsi donner quatre jours de sac aux troupes de la première brigade qui partaient dès le lendemain 16, pour sauver Tuyen-Quang; des vivres étaient préparés, en outre, à Kep en prévision de ce mouvement.

Lorsque la première brigade eut quitté Lang-Son le 16 février au matin, il restait à la deuxième brigade seule encore deux jours de vivres pour les Européens. C'était plus qu'il n'en fallait pour attendre le retour de tous les moyens de transport qu'on avait fait rétrograder, dès le lendemain de l'arrivée, sur Dong-Song, où les vivres s'accumulaient rapidement.

III

ORGANISATION DE LA LIGNE DE RAVITAILLEMENT APRÈS LA COLONNE

La ligne de ravitaillement devant passer par le Déo-Quan, les dispositions suivantes furent adoptées :

1° Utilisation provisoire du sentier annamite conduisant à Dong-Son;

2° Etude de la route carrossable Chu - Dong-Song - Lang-Son.

1° Organisation de la section Chu à Dong-Song.

La section de la route comprise entre Chu et Déo-Quan demanda de simples travaux tels que consolidation des ponts, aménagement de rampes d'accès et endiguements pour franchir des rizières.

Dans le voisinage du col Quan, la raideur des pentes exigea des efforts et des travaux plus considérables; au-delà de ce col, entre Pho-Cam et le Camp-des-Tigres, on adopta un tracé qui utilisait les hauteurs de la rive gauche de Song-Koa et s'élevait par une série de lacets. Quant à la route comprise entre Chu et Dong-Song, elle descendait, au contraire, vers le Song-Koa à flanc de coteau et franchissait la rivière sur un pont à longue portée.

Nons avons dit précédemment que la charge de 500 coolies était transporté dans 25 voitures à bœuf; on conçoit donc aisément que le ravitaillement fut facilité dans des proportions énormes au fur et à mesure de l'avancement des travaux de la route carrossable; aussi l'accumulation des denrées fut toujours assez considérable pour parer à tous les besoins de la deuxième brigade.

Voici comment les transports fonctionnaient :

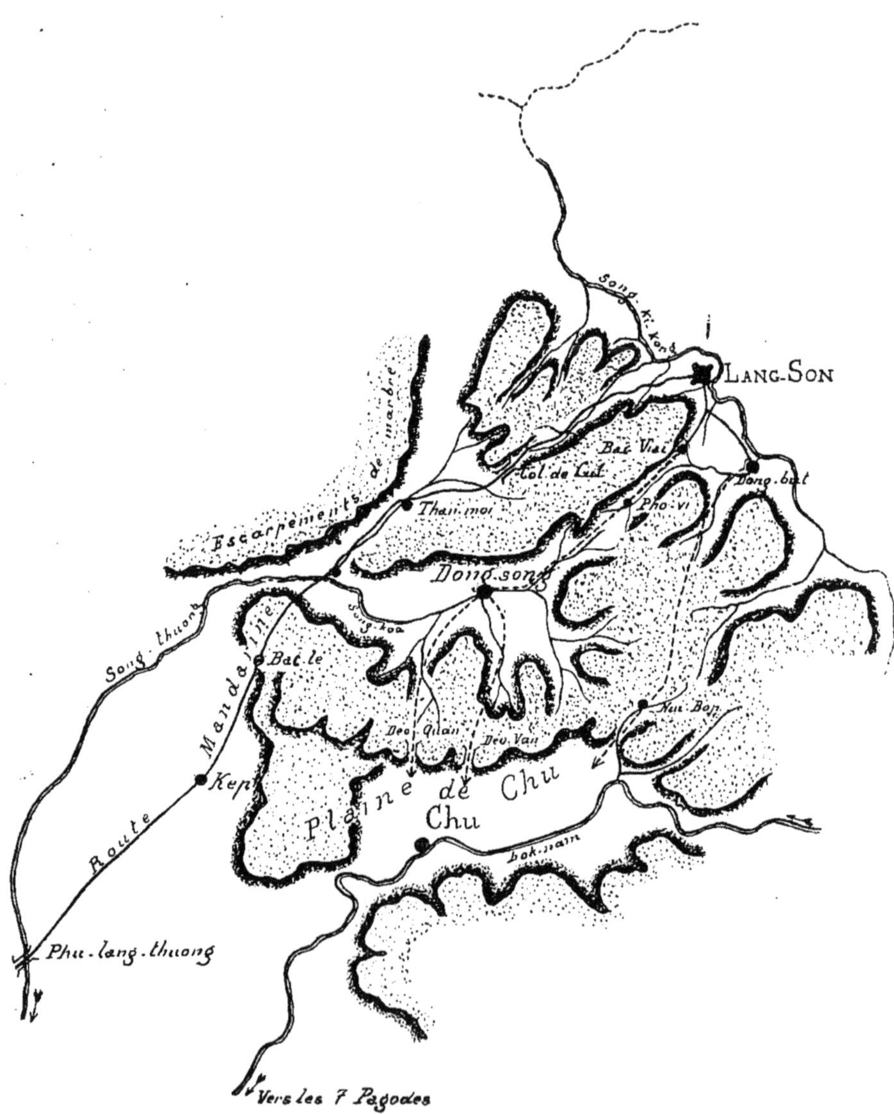

1° Les convois de voitures à bœufs allaient de Chu au bas du col Quan, en 4 h. 30 environ. On déchargeait les marchandises, et le convoi, en général à vide ou du moins très légèrement chargé, rentrait à Chu en 3 heures en moyenne;

C'était un travail ordinaire pour les bœufs, et qui permettait de les conserver en bon état;

2° Au col Quan, il fallait monter toutes les denrées, venant de Chu, au gîte d'étape du haut du col. Quelques équipes de coolies, choisis parmi les plus forts, ne faisaient que ce service de transbordement; on utilisa plus tard les petits chevaux de bât, puis, quand la route commença à être meilleure, les voitures Lefebvre à moitié chargées. En outre, quand un convoi de coolies arrivait à vide, on lui faisait faire un voyage en haut du col avant de le laisser se livrer au repos. Quand, ultérieurement, l'accès du sol fut facilité, c'est-à-dire vers le 15 ou 20 mars, le gîte d'étape du bas du col cessa d'être important et ne fut plus qu'une annexe du gîte du haut col;

3° Le roulage à bœufs recommençait au gîte d'étapes du haut du col.

Un convoi chargé en partait chaque jour et arrivait en 4 heures au plus à Pho-Cam. Là, les attelages étaient changés et les voitures continuaient sur le Camp-des-Tigres.

Du Camp-des-Tigres, les voitures rentraient à vide à Pho-Cam et étaient remmenées au col Quan par les bœufs ayant travaillé le matin ou la veille au soir.

Des mesures de détail étaient prises pour que chaque bœuf fît un voyage chargé, un voyage à vide et eût un repos d'une journée;

4° Au Camp-des-Tigres, enfin, les marchandises déchargées des voitures à bœufs étaient enlevées par des convois de coolies, qui, partis de Dong-Song le matin, y étaient de retour dans la soirée du même jour.

Pendant que l'on construisait la route, les convois fonctionnaient, le service de ravitaillement s'appuyait sur des gîtes d'étapes que l'on avait construits à distance convenable les uns des autres et qui présentaient des abris organisés aussi bien que possible pour le personnel, les animaux et le matériel.

Ces gîtes d'étapes étaient répartis comme suit : au pied et au faîte du col Quan, à Pho-Cam, au Camp-des-Tigres, à Dong-Song.

Les convois circulaient sur cette route, organisée comme nous venons de le dire, et, si le service fonctionna de manière à satisfaire aux exigences du ravitaillement, ce ne fut pas sans des pertes et des difficultés considérables.

D'abord, le recrutement des coolies était très laborieux; les animaux de bât ou de trait furent quelque peu décimés par le typhus, les blessures ou les accidents; enfin, des travaux complémentaires vinrent en surcroît s'ajouter à ce dur labeur : ce fut d'abord la pose de la ligne télégraphique, puis le transport d'une somme de 700.000 francs en monnaie d'argent, qui devait rejoindre la colonne dans le plus bref délai.

Néanmoins, le rendement suffit aux besoins, grâce à l'énergie et au dévouement de tous.

2° Organisation de la section Dong-Song - Lang-Son.

Pour atteindre Lang-Son, on utilisa d'abord le sentier qui passe à Pho-Vé sans l'aménager d'une façon très sensible malgré les coupures qui le traversent; mais ce ne pouvait être là qu'une route de fortune, car, encaissée au fond de la vallée, presque toujours à pic, escarpée et tourmentée par des arroyos, risquant d'être emportée par les pluies torrentielles, elle ne présentait, pour l'avenir, aucune des conditions de durabilité nécessaires à une voie de transport.

Etant donné le fractionnement de la ligne de ravitaillement, le va-et-vient des convois entre Dong-Song et Lang-Son fut assez facilement établi.

En principe, les mêmes sections de coolies restèrent sur cette partie de la ligne : les convois mettaient cinq jours en moyenne pour aller et revenir. Partant le matin de Lang-Son à vide, ils couchaient le soir à Pho-Vi et atteignaient, le deuxième jour à la nuit, Dong-Song ; le troisième jour, ils recevaient dans la matinée leur chargement, gagnaient Pho-Bu le soir ; le quatrième jour, ils bivouaquaient à Bac-Viaï et, dans les dernières heures du cinquième jour, ils arrivaient à destination.

La marche dans ces sentiers affreux était très dure : tantôt on descendait dans le fond même du ravin, tantôt, au contraire, on s'élevait brusquement par des contreforts au-dessus de véritables précipices, pour retomber encore par des pentes inaccessibles dans le thalweg. Les difficultés grandissaient en approchant de la ligne de séparation des versants du Tonkin et de Chine : le col qui la franchissait était d'un accès particulièrement pénible.

Au delà de Pho-Vi, le chemin continuait à être tout aussi mauvais, passant à chaque instant d'un affluent dans un autre, par de véritables grimpettes.

Cependant, les difficultés vaincues, Lang-Son fut occupée, organisée en gîte principal d'étapes ; des approvisionnements considérables y furent amenés, et c'est alors seulement que l'on put songer à étudier, à tracer, puis à organiser une route véritablement pratique et rationnelle, reliant les colonnes opérant dans la région de Lang-Son aux pays solidement occupés en arrière.

Le tracé que l'on choisit se dirigeait de Lang-Son

vers Than-Moï. Pour ce faire, on améliora d'abord le sentier muletier qui franchit la ligne de partage des eaux chinoises et tonkinoises au col de Cut. Mais ce n'était là qu'une route provisoire, un chemin de fortune. Plus tard, on construisit une belle route en lacets qui doublait le sentier muletier et passait à quelques kilomètres à l'est du col de Cut; elle constituait une longue corniche qui partait du Song-Thuong et mesurait 4 mètres de largeur.

Les travaux de cette route furent interrompus le 28 mars 1885, mais ils furent repris avec ardeur l'année suivante.

Pour celui qui connaît le pays, comme pour tous ceux qui sont à même d'apprécier les difficultés d'une œuvre semblable, il est hors de doute que l'organisation du ravitaillement et des routes à l'arrière de la colonne de Lang-Son fait honneur à tous ceux qui ont prodigué leurs efforts et leur énergie, souvent aussi sacrifié leur existence pour la mise en œuvre et la réussite de cette entreprise.

FIN

TABLE DES MATIÈRES

Paris et Limoges. — Imp. milit. Henri Charles-Lavauzelle.

N° 26

Librairie militaire Henri CHARLES-LAVAUZELLE

Paris et Limoges.

Armes portatives françaises et étrangères, par le capitaine BATAILLE : France (fusil mod. 1886 M. 93) ; **Allemagne** (fusil mod. 1888) ; **Autriche** (fusil mod. 1895) ; **Russie** (fusil mod. 1891. Chaque puissance fait l'objet d'un fascicule in-plano, tiré en deux couleurs, avec gravures dans le texte et une planche hors texte en dix couleurs. Prix du fascicule. 5 »

Guide pratique des exercices de combat et de service en campagne (2ᵉ édition). — Volume in-32 de 92 pages avec 10 croquis, cart....... » 75

Service en campagne d'une compagnie d'infanterie, par le capitaine BOSCHET, avec 27 croquis, cartes ou plans. — Vol. in-8º de 240 p.. 4 »

La compagnie isolée en marche et en station, avec trois croquis, par F. B. — Brochure in-8º.. » 50

Des éclaireurs de montagne, par H. DUNOD, lieutenant de chasseurs alpins. — Brochure in-8º.. 1 50

Agenda de mobilisation. Infanterie (2ᵉ édition). Volume in-18 de 128 pages, relié pleine toile.. 2 »

Guide pratique pour la guerre en Afrique, à l'usage des officiers et des sous-officiers, par le lieutenant-colonel A. DUMONT, ex-officier des affaires indigènes (8ᵉ édition). — Brochure in-18 .... 1 25

Formations et manœuvres de l'infanterie en campagne, par le capitaine breveté G. LÉVY. — Volume in-8 de 92 pages avec croquis dans le texte... 2 »

Essai historique sur la tactique d'infanterie depuis l'organisation des armées permanentes jusqu'à nos jours, par le commandant GÉRÔME, breveté d'état-major, ancien professeur adjoint d'art et d'histoire militaire à l'Ecole spéciale de Saint-Cyr. — Volume in-8º de 272 pages, avec 70 croquis.. 5 »

Historique de la tactique de l'infanterie française, par V. VEYNANTE, chef de bataillon breveté au 42ᵉ d'infanterie, 10 croquis. — Vol. in-8º de 120 pages... 2 50

Cartes étrangères. Notions et signes conventionnels, par le capitaine ESPÉRANDIEU, professeur de topographie et de géographie à l'Ecole militaire d'infanterie — Volume in-8º de 140 pages................... 4 »

Français et Allemands, étude démographique et militaire des populations actuelles de la France et de l'Allemagne, **l'Alliance franco-russe et l'Allemagne,** par le Dʳ J. AUBŒUF. — Volume in-8º de 122 pages.. 2 »

Causerie sur le cheval, conférences faites aux cavaliers du 21ᵉ chasseurs par le lieutenant H. DE ROCHAS D'AIGLUN. — Br. in-8º de 78 pages.. 1 50

La stratégie et la tactique allemande au début du vingtième siècle, étude par le général PIERRON. — Volume in-8º de 394 pages avec croquis dans le texte.. 6 »

Etude sur la tactique de l'infanterie, par V. VEYNANTE, chef de bataillon breveté au 42ᵉ régiment d'infanterie, avec croquis. — Brochure in-8º de 84 pages... 2 »

Etude sur la tactique de ravitaillement dans les guerres coloniales, par NED-NOLL. — Volume in-8º de 156 pages..................... 2 50

Tactique raisonnée de l'infanterie, par Ch. DELTHEIL, chef de bataillon au 16ᵉ régiment d'infanterie. — Brochure in-8º de 32 pages.......... » 75

Guide pour le chef d'une petite unité d'infanterie opérant la nuit (marches, avant-postes, combat, méthode d'instruction), par le capitaine breveté NIESSEL. — Vol. in-8º de 100 pages, 6 croquis dans le texte.. 2

Principes fondamentaux et tactique raisonnée du combat de nuit, par le lieutenant-colonel G. TRUMELET-FABER, du 20ᵉ d'infanterie. — Brochure in-8º de 96 pages, avec 4 figures dans le texte............... 2 »

4

Librairie militaire Henri CHARLES-LAVAUZELLE
Paris et Limoges.

Instruction spéciale des éclaireurs d'infanterie, par le lieutenant J.-M. FRANCESCHI, du 137e régiment d'infanterie. — Volume in-8° de 112 pages, avec 16 croquis dans le texte.............................. 2 »

Manuel des candidats de toutes armes aux différents grades d'officier dans la réserve et dans l'armée territoriale. Programme développé des connaissances exigées par le décret du 16 juin 1897. — Volume in-18 de 708 pages, avec 280 croquis dans le texte................ 4 »

Instruction pour les éclaireurs d'infanterie. Brochure in-32 de 48 pages, avec un tableau de signaux pour la transmission optique.......... » 75

CLAUZEWITZ. — **La Campagne de 1814 en France,** traduit de l'allemand par G. DUVAL DE FRAVILLE, chef d'escadron d'artillerie breveté, instructeur d'équitation à l'Ecole d'application de l'artillerie et du génie. — Volume in-8° de 166 pages, une carte................................ 3 50

Les corps francs dans la guerre moderne, — Les moyens à leur opposer, étude historique et critique sur l'attaque et la défense des voies de communication et des services de l'arrière, par le capitaine V. CHARETON. — Vol. in-8° de 260 pages, avec 9 croquis dans le texte. 4 »

Général GALLIÉNI. — **Rapport d'ensemble sur la pacification, l'organisation et la colonisation de Madagascar** (octobre 1896 à mars 1899). — Volume in-8° de 628 pages.. 7 50

Souvenirs de Madagascar, par le lieutenant LANGLOIS. — Volume in-8° de 192 pages, 37 croquis... 3 50

Campagne de 1866, étude militaire rédigée conformément au programme des examens d'admission à l'Ecole supérieure de guerre, par C. DE RENÉMONT.

TOME Ier. **Opérations en Bohême.** — Volume in-8° de 390 pages avec 20 cartes ou croquis dans le texte................................ 7 50

TOME II. **Opérations sur le Mein, en Italie et en Tyrol.** — Volume in-8° de 368 pages avec 14 croquis dans le texte................ ...... 7 50

Troubles et émeutes. — Recueil des documents officiels indiquant les mesures à prendre par les autorités civiles et par les autorités militaires, par J. SAUMUR, officier d'administration de 1re classe d'état-major. — Volume in-32 de 88 pages... » 50

École régimentaire de tir à l'usage des officiers et sous-officiers d'infanterie, par le commandant breveté ALLEGRET, du 4e tirailleurs algériens. — Volume in-8° de 140 pages avec 11 figures dans le texte. 3 »

L'Infanterie perd son temps, par le général Ch. PHILEBERT. — Brochure in-18 de 78 pages..................................... 1 50

Carnet-agenda du sergent de tir. — Volume in-18 de 152 pages... 1 50

Les cartouches et le caisson d'infanterie. — Volume in-32 de 100 pages avec figures, broché, » 50 ; relié................................. » 75

Notre fusil, par le général LUZEUX. — Brochure in-8 de 44 pages..... 1 »

Traité pratique de l'escrime à l'épée de combat sur le terrain, par E. DARBON, maître d'armes au 23e chasseurs, ex-sergent maître d'armes à l'Ecole de Saint-Cyr. — Brochure in-12 de 36 pages.............. » 60

Escrime de chambre, méthode pour s'exercer seul à faire des armes, par le commandant E. T. — Fascicule in-32 de 24 pages............... » 25

Méthode d'enseignement de l'escrime avec l'épée de combat. Jeu de terrain, par M. SERPETTE, maître d'armes au 5e régiment de hussards. — Brochure in-18 de 80 pages, avec 12 photogravures............. 2 »

Le catalogue général de la Librairie militaire est envoyé gratuitement à toute personne qui en fait la demande à l'éditeur Henri CHARLES-LAVAUZELLE.

4